추천·감수

정동찬 | 연세대학교 대학원 사학과를 졸업했습니다. 신지식인으로 문화관광부 문화재위원회 문화재 전문위원, 한국박물관학회와 한국과학사학회 이사, 과학기술 앰배서더로 활동하였습니다.

윤용현 | 고려대학교 대학원 문화재학과를 졸업했습니다. 전북도청 문화재분과 조사·심사위원, 한국산업기술사학회 편집위원을 지냈습니다. 현재 국립중앙과학관 학예연구관으로 있습니다.

윤대식 | 충북대학교 대학원 사학과를 졸업하고, 청주 백제유물전시관 학예연구사를 역임하였습니다. 현재 국립중앙과학관 학예연구사로 있습니다.

송명호 | 한국아동문학회 회장, 한국문인협회 상임이사, 국제펜클럽 한국본부 이사를 지냈습니다. 제1회 문화관광부 5월 예술상, 제1회 소년한국문학상, 소천아동문학상, 한국문학상, 대한민국문학상, 국제펜문학상을 받았습니다.

이상배 | 〈월간문학〉 신인상에 동화 '엄마 열목어'가 당선되었고, 대한민국문학상, 한국동화문학상, 한국아동문학상, 김동리문학상, 어린이도서상(기획편집) 등을 받았습니다.

글 노희옥

대학을 졸업한 뒤, EBS '방송 프로그램 기획안 공모전' 우수상을 받았습니다. 지금은 어린이를 위한 책에 글을 쓰고 있습니다. 쓴 책으로는 〈곰곰이와 함께하는 창작 동화〉, 〈유치원에 가기 싫어요〉, 〈공룡 박물관에 갔어요〉, 〈신기한 우리 몸〉 등이 있습니다.

그림 배수연

대학에서 디자인을 공부한 뒤 일러스트레이터로 활동하고 있습니다. 팝업북, 일러스트레이션, 설치 미술을 접목시킨 '네 개의 방', 'Over The Rainbow' 등을 기획하기도 했습니다. 그린 책으로는 〈크리스마스에 가장 빛나는 것은?〉, 〈잃어버린 왕관〉, 〈할아버지와 요술 피리〉 등이 있습니다.

46 전통문화 대장간
종이에 세상을 담아

총기획 및 발행인 박연환 **발행처** 한국톨스토이 **출판등록** 제406-2008-000061호
본사 경기도 성남시 분당구 금곡동 444-148 한국헤르만헤세 빌딩
대표전화 (031)715-8228 **팩스** (031)786-1001 **고객문의** 080-470-7722
편집 백영민, 송정호, 이승희, 윤정민 **디자인** 이성숙, 김란희, 이혜영, 김양희
이미지 제공 경기도박물관, 국립중앙박물관, 고양화장실전시관, 목탄연구소, 세종대왕기념사업회,
 옹기민속박물관, 육군박물관, 연합포토, 이종백, 포인스닷컴, 청주고인쇄박물관, 화폐박물관

www.tolstoi-book.co.kr

이 책의 저작권은 **한국톨스토이**에 있습니다. 본사의 동의나 허락 없이는 어떠한 방법으로도 내용이나 그림을 사용할 수 없습니다.
⚠ 주의 : 본 교재를 던지거나 떨어뜨리면 다칠 우려가 있으니 주의하십시오. 고온 다습한 장소나 직사광선이 닿는 장소에는 보관을 피해 주십시오.

〈전통문화 대장간〉은 한국일보사가 주최하고
교육과학기술부, 대한출판문화협회에서 후원하여 국내 최고의
교육 제품을 선정하는 **한국교육산업대상**을 받았으며,
세계적인 **이탈리아 볼로냐 국제아동도서전 라가치상**에
출품하여 높은 평가를 받은 우수한 도서입니다.

46 타당타당 생활관
지도

종이에 세상을 담아

글 노희옥 | 그림 배수연

한국톨스토이

임금님은 허름한 옷에 갓을 쓰고
몰래 궁궐을 빠져나왔어요.
그러고는 백성들을 살펴보았지요.
"이런, 이리저리 걷다 보니 길을 잃었네!"
그때 한 사내가 등짐을 지고 지나갔어요.
"이보시오, 궁궐로 가는 길을 알려 주시오."
"궁궐이오? 말로 설명하기가 복잡한데……."

사내는 나뭇가지를 주워 들더니
땅바닥에 쓱쓱 그림을 그리며 말했어요.
"아무래도 그림을 보면 찾아가기 쉬울 거요.
북쪽으로 쭉 올라가다가 서쪽으로 꺾어져서……."
"오호, 그림을 무척 잘 그리는구려.
이제 찾아갈 수 있을 듯하오.
그림으로 그려 주니 한결 알기 쉽구려."

◀ **바빌로니아의 점토 판 지도** 최초의 지도로, 두 개의 원이 그려져 있어요. 원 안이 육지, 원 밖이 바다예요.

쏙쏙 신토불이

처음에 지도는 땅에 그림을 그려 길을 알려 주는 데서 시작했어요. 그러다가 점차 돌에 새겨 넣기도 하고, 종이가 발명된 뒤에는 종이를 사용한 지도가 생겨났지요.

임금님은 사내의 친절이 무척 고마웠어요.
"고맙소. 이름이라도 알려 주시오.
나중에 다시 만날지 누가 알겠소."
"나는 한양 사는 이 생원이라고 하오."
임금님은 이 생원 덕분에 무사히 궁궐로 돌아왔어요.

궁궐로 돌아온 임금님께 신하가 아뢰었어요.
"지금 왜적들이 우리나라를 침범하려 한답니다.
군사를 곳곳에 두어 막아야 할 것입니다."
"음, 그러자면 지방 곳곳의 지리를 잘 알아야 할 텐데……."
고민하던 임금님은 무릎을 탁! 쳤어요.
'옳지! 얼마 전에 만났던 이 생원을 불러
우리나라 곳곳을 그림으로 그려 달라고 해야겠군.'
다음 날, 임금님은 이 생원을 불러들였지요.

이 생원은 임금님을 보고 깜짝 놀랐어요.
"내가 그대를 부른 이유는 고을의 지리를
그린 그림이 필요하기 때문이오."
"저는 취미 삼아 그림을 그리는지라
그 정도의 실력이 못 됩니다."
"내 그대의 그림 솜씨를 익히 보았지 않소.
그대 그림에 거리만 재서 표시하면 된다오."
"음, 그렇다면 한번 해 보겠습니다."

이 생원은 곧장 남산으로 향했어요.
가장 먼저 한양을 그리고 싶었거든요.
이 생원은 땀을 뻘뻘 비 오듯 흘리며
어렵사리 남산 꼭대기에 올라섰어요.
"먼저 높은 곳에서 지리를 살펴봐야 해."
이 생원은 사방을 둘러보고 또 둘러보았어요.

한양이 **한눈에** 보이는군.

산 밑에는 한양 길이 구불구불 펼쳐져 있고,
푸른 강물이 넘실거렸지요.
집이며 장터며 고을이 한눈에 다 보였어요.
"이 많은 것을 종이 한 장에 담으려면
아주 간단하게 그려야겠군."
종이를 펼쳐 든 이 생원은 고을을 한 폭에 담았어요.

"임금님 말씀대로 거리를 재서 그려 볼까?
그런데 거리를 어떻게 재지?"
이 생원은 곰곰 생각하다가 산 밑으로 내려왔어요.
그러고는 남산에서 궁궐까지 한 걸음씩 세기 시작했지요.
"한 걸음, 두 걸음, 세 걸음…… 삼백 걸음이군.
그럼 백 걸음을 한 뼘으로 정한다면
삼백 걸음은 세 뼘으로 표시하면 되겠군."

쏙쏙 신토불이

옛날에 지도를 그릴 때에는 수레바퀴가 일정한 거리를 움직이면 소리가 나는 '기리고거'를 이용하여 거리를 측정했어요. 나침반같이 방향을 알려 주는 '범철'도 사용했지요. 나중에는 줄이나 자를 이용하여 더욱 편리해졌어요.

"성문에서 산 밑 절까지는 이백 걸음이니 두 뼘,
절부터 강까지는 백오십 걸음이니 한 뼘 반."
그렇게 이 생원은 며칠 동안 고을을 돌며
걸음을 표시해 두었어요.
그러고는 산에서 그린 그림을 펼쳐 놓고,
손으로 재어 가며 다시 그림을 그렸지요.
마침내 이 생원은 그림을 들고 궁궐로 갔어요.

이 생원의 그림을 보고 신하들이 말했어요.
"임금님, 이 그림은 고을 곳곳이 자세히
표시돼 있을 뿐만 아니라 거리까지 알 수 있으니
군사들을 어디에 숨겨야 할지 결정할 수 있습니다."
"땅의 모양과 강물이 어디로 흘러가는지도 나와 있어
백성들이 농사짓는 데도 도움이 될 것입니다."

"정말 훌륭하오!"
임금님은 이 생원에게 큰 상을 내리며 말했어요.
"그대가 우리나라 곳곳의 지형을 살펴
보다 정확한 그림을 그려 주었으면 좋겠소."
"임금님의 분부를 따르겠사옵니다."
며칠 뒤, 이 생원은 백두산으로 갔어요.

백두산을 수십 번 오르고, 근처 고을을 수백 번 돌아
걸음을 재고 또 재어 그림으로 그렸어요.
그다음은 금강산, 그다음은 지리산.
이 생원은 차례로 산에 올라 고을을 그렸답니다.
작은 섬까지 온 나라를 다 그리고 나니,
그림이 수북수북 쌓였지요.
이 생원은 그림들을 모두 이어 보았어요.
"아, 우리나라가 이렇게 생겼구나!"
우리나라 그림을 보고 이 생원은 뛸 듯이 기뻤답니다.

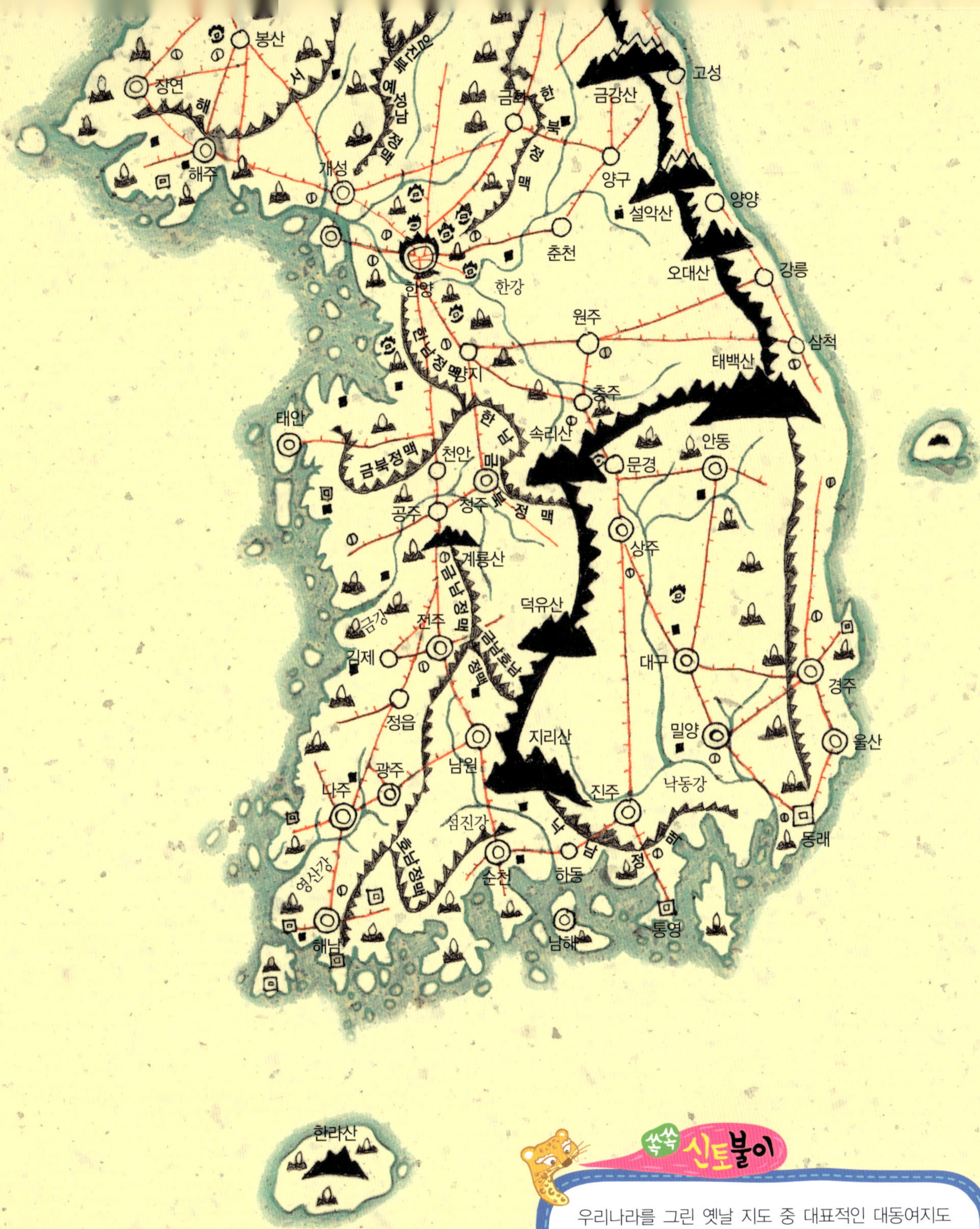

쏙쏙 신토불이

우리나라를 그린 옛날 지도 중 대표적인 대동여지도는 1861년에 김정호가 만들었어요. 22개의 그림으로 나누어져 있어 필요한 부분만 가지고 다닐 수 있고, 목판에 새겨 많이 찍어 낼 수 있었지요.

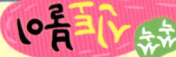

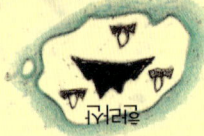

▼ 큰 고을은 ◎, 작은 고을은 ○, 창고는 ■, 봉화대는 🔥로 표시해 놓았답니다.

그림을 본 임금님도 몹시 기뻐했어요.
"우리나라의 땅 그림이 완성되었으니
이보다 기쁜 일이 어디 있겠소.
모두 그대 덕분이오.
앞으로도 나라와 백성을 위해 일해 주시오."
"감사합니다, 임금님."

얼마 뒤에 임금님은 이 생원에게 벼슬을 내렸어요.
이 생원은 부하들을 거느리고
이곳저곳을 다니며 그림을 그렸지요.
백성이 농사짓는 데 필요한 그림,
장사꾼이 장사하러 갈 때 필요한 그림,
군사들이 나라를 지킬 때 필요한 그림 등등.
그때그때 필요에 따라 다르게 그렸어요.
뒷날, 이런 그림들을 '땅을 그린 그림',
'지도'라고 불렀답니다.

▶ 〈혼일강리역대국도지도〉 조선 태종 2년에 만들어진 세계 지도로, 우리나라와 중국이 크게 그려져 있답니다.

강가 근처 논에 벼를 심어야지.

배 타고 장사 가야 하는데 나루터가 어디 있지?

쏙쏙 신토불이

옛날 지도는 필요에 따라 아주 다양하게 만들어졌어요. 서울을 중심으로 그려진 〈경조오부도〉와 〈전라도 무장현 지도〉 등의 마을 지도가 있고, 군사의 위치를 그린 지도도 있어요.

콕콕 우리문화 족집게

지도에 세상 보는 지혜를 담다

한 장의 종이에 땅, 산, 강, 바다를 담은 지도는 여행을 할 때 길잡이 역할도 하지만 정치·경제·사회·문화 여러 면에서 두루두루 쓰여요. 세상을 보는 조상들의 지혜가 담긴 옛 지도에 대해 알아볼까요?

가장 오래된 우리나라 지도는?

현재까지 남아 있는 가장 오래된 우리나라 지도는 〈혼일강리역대국도지도〉예요. 1402년에 만든 세계 지도로, 중국과 우리나라가 크고 자세하게 그려져 있지요. 유럽, 아라비아, 아프리카를 그려 넣고 140여 개에 이르는 나라 이름도 적혀 있어요. 그 당시에는 가장 뛰어난 세계 지도였다고 해요.

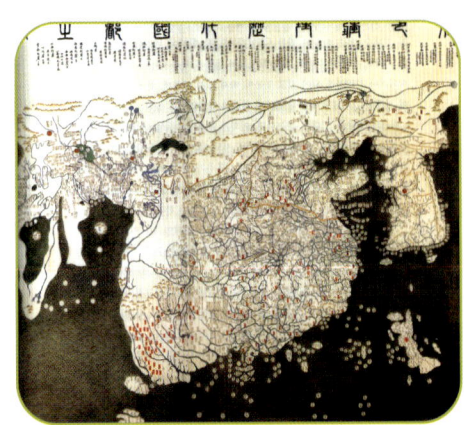

▲ 〈혼일강리역대국도지도〉를 베껴 그린 것이에요.

지도가 그림처럼 아름답다고요?

조선 시대에는 쓰임새에 따라 다양한 지도가 만들어졌어요. 지도를 그릴 때는 화공도 참여했지요. 우리 산과 강의 모습을 실제와 가깝게 그리고, 거기에 방위를 나타내는 색깔을 입혔어요. 그래서 우리 옛 지도는 실물과 가깝고 산수화를 보는 듯 아름다운 느낌도 주지요.

◀ 봉화의 위치를 표시한 지도, 〈해동팔도봉화산악지도〉

〈대동여지도〉를 혼자 만들었다고요?

우리 옛 지도 중 최고의 작품으로 꼽히는 〈대동여지도〉는 조선 철종 때 김정호가 만들었어요. 그때까지 나온 지도들을 꼼꼼히 살피고, 미심쩍은 부분은 직접 답사를 다니며 혼자서 완성했지요. 모두 22권 126장으로 나누어 목판에 새겨 만들었는데, 어찌나 정확한지 지금의 지도와 견주어도 크게 뒤지지 않아요.

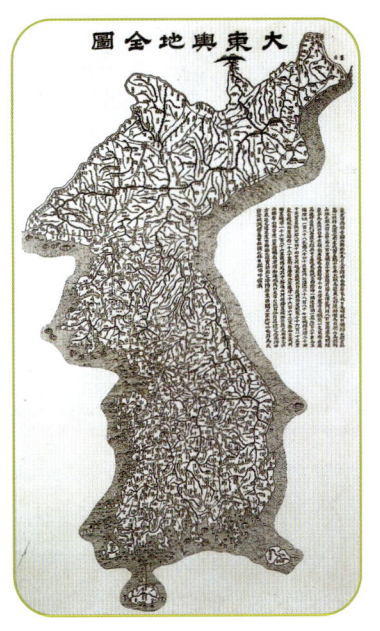

▶ 〈대동여지도〉는 가로 약 4미터, 세로 약 7미터나 되는 아주 커다란 지도예요.

종소리와 북소리로 거리를 쟀다고요?

조선 시대에는 거리를 잴 때 '기리고거'라는 수레를 썼어요. 수레바퀴가 돌아가는 횟수로 거리를 잰 거지요. 기리고거에는 일정한 거리를 가면 스스로 종을 치고 북을 울리는 장치가 있었어요. 수레가 반 리를 가면 종을 한 번 치고, 일 리를 가면 여러 번 쳤어요. 또 오 리를 가면 북을 한 번 울리고, 십 리를 가면 여러 번 울렸어요. 지도를 만드는 사람들은 이 종소리와 북소리로 거리를 측정했지요.

▲ 세종 때 장영실이 개량한 기리고거

똑똑 교과서 X-파일

지도는 어떻게 발전했을까요?

사람들은 아주 오랜 옛날부터 자신이 살고 있는 곳을 그림으로 나타냈어요. 또 그 그림에 필요한 정보를 담았지요. 처음에는 그림지도에 지나지 않았던 것이 어떻게 오늘날의 지도로 발전해 왔는지 알아볼까요?

1

기원전 2300년쯤부터 말랑말랑한 점토 판에 갈대 끝으로 지도를 그렸지.

▲ 바빌로니아 점토 판 지도

가장 오래된 지도는 바빌로니아 점토 판 지도야.

2

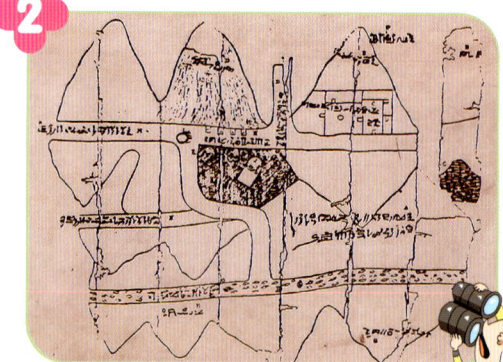

▲ 이집트 파피루스 지도

풀줄기로 만든 종이에 그렸어. 금광과 동굴의 위치가 표시되어 있지.

3

에라토스테네스는 고대 그리스의 유명한 수학자이자 지리학자야.

▲ 에라토스테네스가 그린 세계 지도

가로줄과 세로줄을 써서 위치를 정확히 표시할 수 있었대.

④
▲ 2세기 무렵에 프톨레마이오스가 그린 세계 지도

 유럽에서 중국까지 지구의 절반이 나타나 있어. 경선과 위선을 이용했지.

 아메리카가 없네? 아 참, 아직 발견되지 않았지!

둥근 공 모양의 지도를 편평한 종이에 옮겼어. 오늘날의 지도와 비슷한걸?

⑤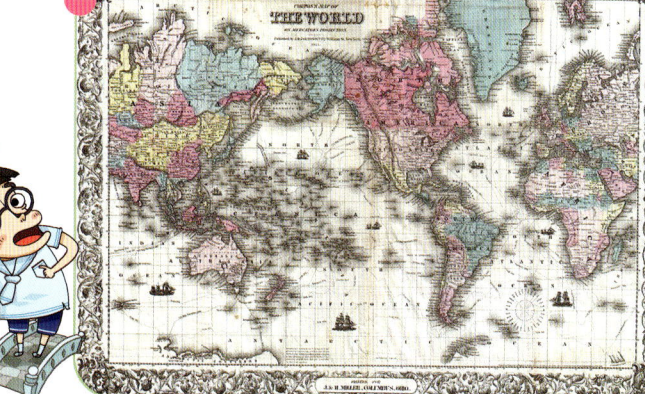
▲ 19세기에 메르카토르 도법으로 만든 세계 지도

골목골목까지 실제와 똑같은 지도를 만들 수 있어.

⑥
▲ 오늘날의 인공위성 지도

전통문화 대장간 교과 수록 및 연계

권	주제	제목	교과 수록 및 연계
1	우리 문화의 뿌리	널리 인간을 이롭게 하라	초등학교 사회 5학년 2학기(1. 옛사람들의 삶과 문화) / 중학교 역사①(지학사, 대교, I. 문명의 형성과 고조선의 성립) / 중학교 역사①(미래엔, I. 문명의 형성과 고조선의 성립)
2	고인돌	고인돌이 무덤이라고?	초등학교 사회 4학년 1학기(2. 우리가 알아보는 지역의 역사) / 초등학교 사회 5학년 2학기(1. 옛사람들의 삶과 문화) / 중학교 사회 1학년(천재교육, 8. 문화의 이해와 창조) / 중학교 역사①(천재교육, 동아출판, 지학사, 대교, 교학사 I. 문명의 형성과 고조선의 성립)
3	벽화	벽화에서 나온 고구려 무사	초등학교 사회 5학년 2학기(1. 옛사람들의 삶과 문화) / 중학교 역사①(대교, II. 삼국의 성립과 발전, 동아출판, 비상교육, III. 통일 신라와 발해)
4	열두 띠	하늘나라로 달려간 열두 동물들	초등학교 사회 3학년 2학기(2. 시대마다 다른 삶의 모습) / 초등학교 사회 5학년 2학기(1. 옛사람들의 삶과 문화)
5	경주 유적	신라의 수도 경주로 가 볼까?	초등학교 사회 3학년 1학기(2. 우리가 알아보는 고장 이야기) / 초등학교 사회 5학년 2학기(1. 옛사람들의 삶과 문화)
6	서당	멍멍이도 하늘 천 땅 지	초등학교 사회 5학년 2학기(1. 옛사람들의 삶과 문화, 2. 사회의 새로운 변화와 오늘날의 우리) / 중학교 역사①(미래엔, IV. 고려의 성립과 발전, 천재교육, 지학사, 미래엔, VI. 조선의 성립과 발전)
7	문화의 전파	조상님, 왜 일본으로 가셨나요?	초등학교 사회 5학년 2학기(1. 옛사람들의 삶과 문화) / 중학교 역사①(지학사, 대교, 천재교육, 비상교육, 동아출판, II. 삼국의 성립과 발전, 천재교육, 대교, 미래엔, III. 통일 신라와 발해)
8	화폐	돈 나와라, 뚝딱!	초등학교 사회 3학년 2학기(2. 시대마다 다른 삶의 모습) / 중학교 역사①(대교, I. 문명의 형성과 고조선의 성립, 비상교육, 미래엔, 교학사, II. 삼국의 성립과 발전, 동아출판, 지학사, 대교, IV. 고려의 성립과 발전)
9	궁궐	장원 급제한 세자마마	초등학교 사회 3학년 2학기(2. 시대마다 다른 삶의 모습) / 초등학교 사회 5학년 2학기(2. 사회의 새로운 변화와 오늘날의 우리)
10	장인	내 솜씨 한번 볼래?	초등학교 사회 3학년 2학기(2. 시대마다 다른 삶의 모습) / 초등학교 사회 5학년 2학기(1. 옛사람들의 삶과 문화) / 중학교 역사①(미래엔, VI. 조선의 성립과 발전) / 중학교 과학 1학년(지학사, 3. 상태 변화와 에너지)
11	장승	장승아, 마을을 지켜 줘	초등학교 사회 3학년 1학기(2. 우리가 알아보는 고장 이야기) / 중학교 사회 1학년(교학사, VIII. 문화의 이해와 창조) / 중학교 역사①(지학사, 천재교육, 비상교육, I. 문명의 형성과 고조선의 성립)
12	민속 신앙	집 안에 웬 신이 이리 많을까	초등학교 사회 3학년 2학기(2. 시대마다 다른 삶의 모습)
13	설과 추석	떡국 먹고 송편 빚고	초등학교 사회 3학년 2학기(2. 시대마다 다른 삶의 모습)
14	대보름	달아 달아 둥근달아	초등학교 사회 3학년 2학기(2. 시대마다 다른 삶의 모습)
15	단오	향단아, 그네를 밀어라	초등학교 사회 3학년 2학기(2. 시대마다 다른 삶의 모습)
16	탄생	고추 달고 숯 달고	초등학교 사회 3학년 2학기(2. 시대마다 다른 삶의 모습, 3. 가족의 형태와 역할 변화)
17	혼례	연지 찍고 가마 타고	초등학교 사회 3학년 2학기(3. 가족의 형태와 역할 변화) / 중학교 역사①(지학사, 동아출판, V. 고려 사회의 변천)
18	장례	꽃가마 탄 할아버지	초등학교 사회 3학년 1학기(2. 우리가 알아보는 고장 이야기) / 초등학교 사회 3학년 2학기(3. 가족의 형태와 역할 변화)
19	민속놀이	어절씨구 한판 놀아 보세	초등학교 사회 3학년 2학기(2. 시대마다 다른 삶의 모습) / 초등학교 사회 4학년 1학기(2. 우리가 알아보는 지역의 역사) / 중학교 역사①(대교, I. 문명의 형성과 고조선의 성립, 미래엔, II. 삼국의 성립과 발전, 미래엔, 대교, III. 통일 신라와 발해, 비상교육, 대교, 미래엔, V. 고려 사회의 변천)
20	탈춤	덩더꿍덩더꿍 탈춤을 추자	초등학교 사회 3학년 1학기(2. 우리가 알아보는 고장 이야기) / 초등학교 사회 5학년 2학기(2. 사회의 새로운 변화와 오늘날의 우리)
21	북과 종	북돌이와 종칠이의 꿈	초등학교 사회 3학년 1학기(2. 우리가 알아보는 고장 이야기, 3. 교통과 통신 수단의 변화) / 중학교 역사①(천재교육, 대교, III. 통일 신라와 발해)
22	전통 악기	거문고 뜯고 가야금 타고	초등학교 사회 3학년 1학기(2. 우리가 알아보는 고장 이야기) / 중학교 역사①(미래엔, II. 삼국의 성립과 발전)
23	전통 음악	최고의 소리꾼이 되고 싶어	초등학교 사회 4학년 1학기(2. 우리가 알아보는 지역의 역사) / 초등학교 사회 5학년 2학기(1. 옛사람들의 삶과 문화) / 중학교 사회 1학년(교학사, IV. 지역마다 다른 문화, 법문사, VIII. 문화의 이해와 창조)
24	농사	에헤라, 풍년일세!	초등학교 사회 3학년 2학기(1. 환경에 따라 다른 삶의 모습, 2. 시대마다 다른 삶의 모습) / 중학교 사회 1학년(미래엔, IV. 지역마다 다른 문화, 비상교육, VIII. 문화의 이해와 창조) / 중학교 역사①(천재교육, VI. 조선의 성립과 발전)
25	밥상	푸짐한 밥상, 소박한 밥상	초등학교 사회 3학년 2학기(2. 시대마다 다른 삶의 모습)
26	전통 떡	쑥덕쑥덕 떡 잔치가 열렸네	초등학교 사회 3학년 2학기(2. 시대마다 다른 삶의 모습) / 초등학교 사회 5학년 2학기(1. 옛사람들의 삶과 문화) / 중학교 사회 1학년(새롬교육, IV. 지역마다 다른 문화)
27	전통 군음식	이거 한번 먹어 봐	초등학교 사회 3학년 2학기(2. 시대마다 다른 삶의 모습)
28	김치	김치 없이는 못 살아	초등학교 사회 3학년 2학기(2. 시대마다 다른 삶의 모습) / 초등학교 과학 5학년 1학기(5. 다양한 생물과 우리 생활) / 중학교 과학 3학년(지학사, 5. 물질 변화에서의 규칙성) / 중학교 역사①(미래엔, II. 삼국의 성립과 발전) / 중학교 사회 1학년(법문사, 교학사, 대교, 금성, VIII. 문화의 이해와 창조)
29	메주	쿠크 별로 간 된장	초등학교 사회 3학년 2학기(2. 시대마다 다른 삶의 모습) / 초등학교 과학 5학년 1학기(5. 다양한 생물과 우리 생활) / 중학교 과학 1학년(삼화, 2. 분자의 운동) / 중학교 사회 1학년(대교, IV. 지역마다 다른 문화)
30	장날	아빠, 장 보러 가요	초등학교 사회 4학년 2학기(2. 필요한 것의 생산과 교환) / 초등학교 사회 5학년 2학기(2. 사회의 새로운 변화와 오늘날의 우리)
31	팔도 음식	전주비빔밥에 안동 식혜	초등학교 사회 3학년 2학기(1. 환경에 따라 다른 삶의 모습, 2. 시대마다 다른 삶의 모습)
32	조선의 명화	앗, 김홍도 할아버지다!	초등학교 사회 5학년 2학기(1. 옛사람들의 삶과 문화, 2. 사회의 새로운 변화와 오늘날의 우리)
33	전통 문양	단청아, 넌 너무 예뻐	초등학교 사회 5학년 2학기(1. 옛사람들의 삶과 문화) / 중학교 역사①(미래엔, II. 삼국의 성립과 발전, 대교, 미래엔, III. 통일 신라와 발해, 대교, IV. 고려의 성립과 발전, 미래엔, V. 고려 사회의 변천)